LES POURQUOI,

OU LE

CATÉCHISME POLITIQUE

DES

BONNES GENS.

A PARIS,

Chez les Libraires du Palais de l'Egalité.

————

An IIIe. de la République Française.

LES POURQUOI,

OU LE

CATÉCHISME POLITIQUE

DES

BONNES GENS.

P OURQUOI seroit-ce un si grand mal que l'on ne fût pas toujours *unanime*, dans un Congrès National, & qu'il y eût dans une Assemblée délibérante deux opinions se combattans, ou si l'on veut, deux partis fortement prononcés ? Tous les Etats Américains n'ont-ils pas été partagés par leur Constitution, en deux Chambres *égales*, ni haute ni basse, mais composées toutes deux de Citoyens *égaux* par la naissance, le rang, & par tous les droits politiques, à l'effet de mûrir davantage les discussions, d'éviter les influences de l'intrigue, ou celles non moins dangereufes de l'enthofiafme, & de trouver dans ce balancement des deux délibérations féparées de deux Chambres, ou plutôt pour parler plus exactement, de *deux fections d'une même Chambre*, un contre-poids, un modérateur falutaire à la précipitation des jugemens & des mouvemens tumultueux & exafpérés? N'étoit-on pas trop malheureufement *unanime, très-unanime*, dans une Affemblée *unique* de fept cents quarante délibérans, fous l'oppreffion & la domination de trois hommes, dont l'un, Robefpierre, au dire de Marat, *avoit peur à la vue d'un fabre nud*; le fecond, Saint-Juft, fe trouva mal à la feule motion d'un décret d'arreftation; & le troifième Couthon, n'étoit qu'une efpèce de *cul de jatte?*

Pourquoi cependant s'extafioit-on encore dans la Convention françaife, il y a quelques mois, de la *parfaite unanimité* qui y régnoit, du calme inaltérable qui fignaloit fes délibérations depuis les profcriptions, depuis que les députés n'ofant plus coucher chez eux, n'auroient ofé à plus forte raifon, contefter au Sénat; & étoient-ce Couthon, Robefpierre, & fes amis, qui faifoient faire cette perfide remarque? Ne vaut-il pas mieux une certaine liberté orageufe, qu'une fervitude tranquille? Ne vaut-il pas mieux, en Amérique, obtenir un excellent bil, par deux délibérations diftantes l'une de l'autre, que d'obtenir en France dix décrets en deux heures de temps, qui ne feroient dus qu'à l'immobilité des bouches cadenaffées par la terreur, ou aux chanches des orages & des tumultes, & dont la moitié feroit à rapporter pour le bonheur public, comme il eft arrivé fous les Triumvirs?

(5)

Pourquoi donc s'eſt-on tant récrié ſur la diviſion qui éclata dans la Convention - Nationale, dès le premier temps de ſes ſéances ; diviſion qui ſembloit, en effet, réaliſer deux ſections oppoſées d'une même chambre ; & s'émerveilla-t-on de voir une minorité foible, mais violente & forcenée, qui pour engager & ſoutenir le combat avec la grande majorité, comme s'il s'agiſſoit de guerroyer, plutôt que de délibérer, ſe ſerra, & fit un groupe belliqueux ; & qui pour dominer, s'éleva ſur les plus hauts gradins, qu'elle s'appropria, & s'appela fièrement *la Montagne*, en attachant à ce nom une grande vertu, une grande ſupériorité ?

Pourquoi ces dominateurs inſurgens étoient-ils les mêmes hommes qui avoient déjà tenté d'opprimer l'Aſſemblée Légiſlative, & porté *d'Orléans* à la Repréſentation Nationale, ſous le nom modeſte *d'Egalité* ; & le tenoient-ils alors au milieu d'eux, quoi qu'il l'ayent *politiquement* abandonné depuis, comme d'autres de leurs Collégues, quand ils crurent ne pouvoir plus les ſoutenir, ſans ſe compromettre eux-mêmes ?

Pourquoi ces Titans diſoient-ils aux Députés qui ſe trouvoient à leur proximité, & qui ne votoient point avec eux : *Que faites-vous ici, ſi vous ne votez pas avec nous ? Paſſez de l'autre côté. Etes-vous là pour nous eſpionner ?* Et malgré ces vils racollemens, leur nombre n'alla-t-il jamais à cent Députés Montagnards ; & eſt-il réduit aujourd'hui, de leur aveu, de vingt à trente au plus, que Robeſpierre s'étoit deſigné ſous le nom des *hommes de tête & de cœur* dans la Convention ?

Pourquoi la grande majorité qui occupoit modeſtement les gradins inférieurs, fut elle d'abord avilie par ces petits Titans, ſous le nom de Députés de la *Plaine* & du *Marais*, comme Cromwel donna le nom de *Croupion*, à certaine partie du Parlement Anglais, laquelle finit par être la ſeule rappelée, & regardée comme la partie la plus ſaiue & la plus reſpectable ?

Pourquoi la grande majorité de la Convention, plus ſage, moins emportée, devint - elle odieuſe à cette minorité farouche & turbulente, préciſément parce qu'elle réclamoit ſans ceſſe les lois, les principes, la juſtice diſoit-on ; qu'elle demandoit un decret, dans les vues de la dernière adreſſe aux Français, contre les agitateurs & les anarchiſtes, les provocateurs aux troubles & aux meurtres, comme ſi, diſoit la Montagne, ce n'étoit pas un axiome ſûr, que dans les révolutions, dans les grandes affaires politiques, *il eſt permis de s'écarter des règles auſtères de la morale*, & parce que cette majorité vouloit la punition des *hommes de ſang*, des *égorgeurs* de Septembre, qui étoient auſſi ceux des glacières d'Avignon, & que comprimée déjà trop ſenſiblement par les meneurs jacobins, inſultée par les habitués ſoudoyés de leurs tribunes des deux ſexes, menacée par leurs coupe-jarrets à mouſtaches & à grands ſabres, elle réclamoit auſſi une garde formée par les Départemens, une garde de confiance, qui ne laiſſât plus piller le garde-meuble, & autres propriétés nationales, & pour entourer d'ailleurs la Convention, & lui garantir la liberté de ſes ſuffrages, que déjà elle ſentoit lui échapper chaque jour, de plus en plus ?

Pourquoi la ſeule idée de cette garde départementale qui faiſoit frémir de rage les Robeſ-

pierriftes & les dilipidateurs, fut-elle ridicu-
lifée, & rejettée fi fortement plufieurs fois,
par cette minorité montagne, comme étant, di-
foit-elle, *une garde prétorienne*, dont vouloit
s'entourer le *Roi Buzot*, qui en avoit fait la motion; & fût-elle écartée enfin par ceux mêmes,
qui depuis fe font faits *Préteurs*, *Proconfuls* &
Dictateurs, fous d'autres noms, & ont commencé
leur règne de fang & de terreur par la créa-
tion d'une *Armée révolutionaire*, commandée par
Ronfin & conforts confpirateurs, appuyée par
une arrière-garde de Sbires à gros bâtons, votans pour quarante fous par jour, dans les Sections, au gré de ceux qui les payoient, comme
autrefois les gagiftes du tyran Péricles, à Athènes; & y commandoient les délibérations, comme des ouvrages en tâche fur les grandes routes,
ou mis en réquifition?

Pourquoi, quand *Louvet* du Loiret accufa
courageufement Robefpierre & fa queue, & leur
reprocha de vifer à établir une dictature, dont
Maximilien feroit le chef, le *régulateur*, (mot
qui lui échappa un jour dans la tribune, &
qu'il a fait adopter depuis fous un autre nom,)
& d'avoir été les moteurs & les apologiftes
déhontés des horribles Saint-Barthélémy de
Septembre; ce Robefpierre en fut-il quitte pour
dire à la tribune, qu'en pareille occafion à-peu-
près, c'eft-à-dire, dans la conjuration de Catilina,
Cicéron fortement preffé de rendre compte au
Sénat, ne voulut entrer dans aucuns détails fur fa
conduite à cet égard, & pour fe juftifier d'avoir
fait égorger péle-mêle dans les prifons fes ennemis avec les confpirateurs, tous en y entrants,
fans vouloir jamais les entendre, il lui fuffit de

(8)

dire : *J'ai sauvé Rome & la Patrie ?* pourquoi Carrier dit-il aussi dans son mémoire, où il se disculpe des noyades : « *si la foudre révo-*
» *lutionaire a brisé les formes, la République*
» *a été sauvée : rendons en graces au génie de*
» *la liberté. Quand le Pilote assailli par la tem-*
» *pête amène son vaisseau au port, lui demande-*
» *t-on comment il a tracé sa route ?* »

Pourquoi la Convention se contenta-t-elle de cette odieuse application de ce faux, de cet atroce & évasif langage de Cicéron, aux massacres des Septembriseurs dans les prisons ; & la volcanique Montagne eût-elle le perfide *modérantisme*, l'astucieuse indulgence de réclamer fortement, & de faire appuyer par ses Sbires, & ses tribunes soldées, un fatal *ordre du jour* sur les égorgemens les plus abominables ; ordre du jour qui a amené depuis tous les autres égorgemens qui ont inondé la France du sang de nos frères pendant dix-huit mois ; témoin Carrier se justifiant comme Robespierre ?

Pourquoi quelques jours avant le jugement du Roi, d'Orléans n'ayant plus d'argent à distribuer, fit-il vendre son linge et en remit-il quatre-vingt-cinq mille livres de produit au papa *Pache*, lequel les remit à son gendre Audoin, ex-Prêtre, lequel avec sa femme les porta à la Caserne des Marseillois à qui on procura aussi du vin et des filles, et ces Marseillois changeant tout à coup de manière de voir, allèrent-ils menacer par-tout dans les caffés les Députés qui avoient voté l'appel au peuple, et jurèrent-ils d'abattre les têtes de tous ceux qui ne voteroient pas la mort du Tyran ; et Barbaroux de Marseille fut-il obligé pour conserver la sienne, de voter la mort après avoir voté l'appel au peuple ?

Pourquoi la D^{lle}. Comtat se trouvant vers ce temps, arrêtée dans sa voiture par un groupe nombreux formé au bas du Pont ci-devant Royal, reconnut-elle dans l'orateur en habit de carmagnole le duc Dorset, Anglais, ami intime de d'Orléans ; et ce Duc reconnoissant aussi la D^{lle}. Comtat, vint-il à sa portière, la prier de se taire et de ne point divulguer sa métamorphose ?

Pourquoi la Commune conspiratrice de Paris, appuyoit-elle de toutes ses forces la minorité opiniâtre & féroce qui lui faisoit à son tour, accorder des millions du trésor national, sans rendre compte, lesquels millions donnés sous prétexte d'alimenter le peuple, de lui fournir le pain dont on le laissoit souvent manquer, pour le tenir dans la dépendance habituelle de cette Commune, servoient principalement à entretenir une armée d'hommes immoraux, d'agitateurs & d'espions de l'ancienne police, qui pour le prix qu'ils recevoient, alloient exalter par-tout & jusques dans les armées, la minorité Montagne, & déprécier la grande majorité *Plaine ou Marais*, sous le nom des *hommes d'Etat*, de *faction scélérate*, ou autres dénominations injurieures ; & pourquoi avilir la majorité, cela ne s'appeloit-il pas cependant alors avilir la Représentation Nationale ?

Pourquoi cette Municipalité ne voulut-elle jamais rendre les comptes que la majorité-Plaine lui demandoit avec instances ; la minorité Montagne répondoit-elle que c'étoit vouloir faire le procès à la révolution du 10 Août, que d'exiger toujours des comptes pécuniaires, que c'étoit être *contre-révolutionaire*, que de se défier de la Commune conspiratrice de Paris ? & en dernier lieu, lors de sa dissolution, lui trouva-t-on *quatre millions & quelques centaines de mille francs* dans ses coffres, quand elle se disoit *sans fonds,* & sollicitoit de nouveaux secours de la Convention, sans doute pour fomenter les nouveaux troubles qu'elle méditoit ?

Pourquoi, au milieu des débats des premiers temps de la Convention, un Député de la Plaine cria-t-il un jour, tout haut : portez à Couthon, (qui venoit de parler en tigre,) *un verre de sang pour le désaltérer* ; & un autre Député de ce côté ajouta-t-il, *portez-en un seau plutôt à toute la Montagne* ; & remarquoit-on dès-lors, sur cette Montagne orgueilleuse, les Robespierre, les Carrier, les Collot, les Lebon, les Duhem, &c., &c., auteurs ou complices, conseils ou apologistes des *noyades,* des *fusillades* de Nantes & de Paimbœuf, des *canonnades,* des *mitraillades* de Lyon, des *guillotines permanentes* d'Arras, de Metz, de Strasbourg, &c., &c.

Pourquoi, sur la fin de Février 1793, y eut-il des émeutes considérables à Paris, & alla-t-on piller le caffé, les chandelles, le savon, &c., qui y avoient été plus rares & plus chers qu'à cette époque, & les Officiers-Municipaux & le Département n'employèrent-ils aucuns moyens répressifs, & parurent-ils sans force armée, plutôt comme pour diriger la sédition que pour l'étouffer ; & dans un écrit de Robespierre, quelques jours après, lisoit-on ces mots remarquables : *Eh! quand on s'insurge, doit-ce être pour du sucre ?*

Pourquoi, douze à treize jours après, vers le 10 Mars, des *Estafiers* à moustaches & à figures rébarbaratives, se répandirent-ils dans plusieurs hôtels garnis, & s'informèrent-ils des Députés *modérés* ou de la *Plaine* ; & ces Députés trouvèrent-ils le lendemain, leurs demeures marquées *à la craie blanche ?*

Pourquoi certaine comédie intitulée : l'*Ami des Lois*, qui s'étoit donnée aux Français, vers ce temps, & où l'on mettoit en oppofition les patriotes honnêtes & véritables, amis de l'ordre & des principes, avec les hommes de fang, les *Duricrane*, les *homophage*, jongleurs de la liberté, patriotes de place, quoique fe difans patriotes par exellence, & grands défenfeurs des Robefpierriftes ; pourquoi cette comédie, difons-nous, fit-elle tant d'ombrage à la minorité Montagne ; & celle-ci contre le vœu de la majorité-plaine, à force d'intrigues, de pétitions, d'adreffes de commande *à la louchet*, & d'obfeffions perféverantes, & par l'appui de la chère Commune, & de la force armée, parvint-elle à faire défendre les repréfentations de cette mémorable pièce de théâtre, quoi que Paris vint l'applaudir en foule, & qu'elle féparât avantageufement, aux yeux de toutes les Nations étrangères, le gros de la Nation françaife du peuple égorgeur & anarchifte de Robefpierre, de Carrier & du père Duchêne ?

Pourquoi la Montagne dit-elle que cette pièce de théâtre étoit *incivique*, parce qu'elle fondoit les vertus civiques fur l'amour & l'exercice des vertus domeftiques qui manquoient à ces Meffieurs, ou dont ils ne vouloient pas ; & qu'elle refpiroit le *modérantifme*, parce qu'elle confpuoit la terreur & les hommes de fang ; & qu'elle *corrompoit l'efprit public*, parce que l'efprit d'ordre, de fageffe, ne convenoient pas à ceux qui avoient befoin de troubles & d'anarchie pour leurs deffeins liberticides, & leurs pillages infâmes appelés expéditions révolutionaires ?

Pourquoi quand, dans cette comédie, une Madame de Versac, engouée d'un homme de sang, dit à l'Ami des Lois :

» Mais de l'opinion le thermomètre indique
» Qu'on doit en trente Etats couper la République
. . . .
» *Votre chère unité* sera mise au néant. . . .

Quand les hommes de sang de la pièce s'y partagent les provinces, suivant le plan de *Nomophage* :

» Ah ! voici notre lot ! .. On me donne le Maine ! ..
» Vous allez y manger les chapons par centaine !
» C'est un fort beau pays. ... Vous aurez le Poitou ;
» Oui... Mais j'aurois voulu qu'on y joignît l'Anjou...

Pourquoi, dis-je, ceux auxquels on attribuoit alors ce dessein de *couper* la République en *trente Etats* fédérés, pour se les partager, ont-ils jetté astucieusement cet infâme projet de *fédéralisme* sur les amis de la *chère unité* et des lois dans la Convention ; c'est-à-dire, sur la grande et très-grande majorité saine, et amie de la justice et de l'*unité*, de l'*indivisibilité* de la République, décrétés sur la motion de Buzot, si je ne me trompe ?

Pourquoi y eût-il une conspiration formée par la minorité-Montagne, contre la majorité-Plaine de la Convention, dans la nuit du 9 au 10 mars, où l'on avoit perfidement convoqué une séance extraordinaire *du soir* ; et cette conspiration horrible n'échoua-t-elle que parce que le Maire Pache, le *papa* Pache, comme l'appeloit la Montagne, prévenu par plusieurs Sections de Paris, par un Juge de Paix, qui l'avoient dénoncée cette conjuration, se fit un mérite de la dénoncer aussi, ne pouvant plus la cacher sans inconvéniens; et aussi parce qu'on remarqua, que la plupart des *Girondins* et des Députés de la majorité *Plaine et Marais*, qu'on vouloit immoler, n'étoient pas à la séance, et que l'on sut encore que *Barbaroux*, devenu particulièrement si odieux depuis, avoit été éveiller un Bataillon des Marseillois, dans sa caserne, lequel avoit pris les armes, et dirigeoit sa marche vers la Convention, pour la protéger, ayant le Ministre de la Guerre *Bournonville* à sa tête, le sabre à la main, et que d'ailleurs, les Ministres Lebrun, Rolland, Clavières s'étoient évadés ?

Pourquoi ce coup de parti manqué, songea-t-on à en former un autre ? et le 23 Avril, un Député de la Montagne écrivoit-il à son ami ? *il nous faut encore un 10 Août :* (avec son supplément sans doute) *nous l'aurons bientôt, et tout ira bien ensuite ?*

Pourquoi, à cette époque, l'incendiaire, l'anarchiste Varlet préchoit-il par-tout sur ses tréteaux soi-disant patriotiques, et jusques à la porte de la salle de la Convention: *on a guillotiné assez de têtes de Cuisinières et de Cochers de fiacre : ce sont des têtes conventionelles qu'il nous faut maintenant ;* et ces prédications anarchistes et sanguinaires étoient-elles appuyées, protégées par la minorité Montagne, par la Commune conspiratrice, et par les Jacobins du 9 Thermidor ?

Pourquoi la Commission des douze Députés, créé sur la motion de *Janus Barrère*, pour informer contre les Septembriseurs, arrêtés depuis a Meaux, et qui furent élargis fur la motion de la minorité ; contre les confpirateurs de la nuit du 9 au 10 mars, qu'on n'inquiéta point ; cette Commiffion, dis-je, qui avoit fait arrêter le prédicant *Varlet*, le Procureur de la Commune *Hébert*, et un autre Préfident de Section, lefquels avoient vociféré le meurtre et le fang de la majorité des Repréfentans du Peuple, *ne purent-ils jamais*, en fe préfentant plufieurs fois, *faire entendre* leur rapport fur les auteurs et complices de cette conjuration nocturne, fur les difpofitions fecrètes faites à la Commune, et concertées avec les Jacobins, qui depuis n'ont ceffé de s'en glorifier, dans toutes les occafions ; fur la fôffe creufée en terre pour les vingt-deux Députés qu'on devoit faire confidérer *comme arrêtés en s'émigrant*, et porteurs de papiers contre-révolutionaires faits fur le bureau ; fur les poignards fabriqués par un Serrurier connu du Caroufel, et deftinés pour les citoyennes des tribunes ; fur un *Comité d'infurrection* au Club Electoral, compofé prefque tout d'étrangers, de ce Desfieux banqueroutier de Bordeaux, qui vociferoit vengeance, vengeance aux Jacobins, de l'Efpagnol *Guzman*, de l'Autrichien *Proly*, et des frères *Frey*, Allemands, dont les biens avoient été confifqués à Vienne, et dont cependant la fœur époufa *Chabot*, avec deux cents mille livres de dot, ce Capucin Chabot, qui jettant fon mafque, aux approches de la mort, a laiffé aux gouvernans de ce temps des révélations importantes dans d'épais manufcrits reftés enfevelis jufqu'ici ?

Pourquoi furent-ce des femmes des tribunes des Jacobins et de la Section des Gravilliers, qui, le

31 Mai, vinrent inveſtir la Convention-Natio-
nale, juſqu'à ce que Robeſpierre eût fait adopter ſa motion de caſſer le fâcheux Comité des
douze, qui à toute force, vouloit faire ſes révélations et parler publiquement, pour juſtifier ſes
arreſtations et ſa conduite; et ce Robeſpierre reçut-
il dans la tribune une chaiſe qui lui fut offerte
par la minorité Montagne, ſur laquelle il ſe plaça
en Dictateur inſolent, *les bras croiſés*, et reſta
pendant quatre à cinq heures, opiniâtrement juſqu'à
ce que ſa volonté dictatoriale fût exécutée?

Pourquoi choiſit-on, pour faire cette inſurrec-
tion du 31 Mai, le jour préciſément deſtiné aux
diſcuſſions ſur la Conſtitution, par un décret qui
défendoit, même au Préſident, de ſouffrir qu'on
mît aux voix autre matière; jour qui devoit terminer la queſtion déjà agitée dans deux ſéances:
*diviſera-t-on les grandes Communes par quarante
ou cinquante mille habitans, et celle de Paris
en pluſieurs Communes?* et lorſqu'ils paroiſſoit
certain que cette diviſion, qui auroit ôté à la Commune de Paris ſa force conſpiratrice et contre-
révolutionaire, alloit paſſer?

Pourquoi le décret du 31 Mai contre le Comité des douze, rendu dans le tumulte le plus
bruyant, au milieu d'une confuſion ſi grande,
où l'on n'étoit ni levé ni aſſis, qu'on ne put s'aſ-
ſurer de la majorité des votans, ne fut-il pas ſou-
mis à une ſeconde épreuve, ſuivant l'uſage; et
le lendemain, à la lecture du procès-verbal, ſur
la motion de Devérité, qui le premier eut le cou-
rage de porter la parole, fut-il *rapporté*, à une
très-grande majorité, lorſque Robeſpierre et *ſa
queue* étoient encore abſens, et que la Convention n'étant plus aſſiégée, étoit à peu près libre?

Pourquoi le Comité des douze, réintégré dans ses fonctions incontestablement, par *le rapport* du décret sur l'appel nominal du lendemain, fut-il cependant accusé par la minorité Montagne, d'usurpation de pouvoirs et de *contre-révolution*, pour avoir averti douze cens hommes de trois des Sections de Paris, alors les plus amies des lois et des principes, de venir protéger la Convention menacée le 2 Juin, et aussi pour avoir osé faire arrêter, disoit-on, *un Magistrat du Peuple en fonctions*, le respectable *Hébert*, auteur des feuilles grossières, orduriéres et crapuleuses du Père-Duchéme ? et ce Comité tout entier fût-il guillotiné à deux Membres près ?

Pourquoi le 2 Juin, des Bataillons partis en apparence pour la Vendée, revinrent-ils sur leurs pas entourer la Convention, tourner contr'elle l'embouchure de leurs canons, et distribua-t-on aux Soldats dans les rangs, à la manière Autrichienne, des assignats de cent sous, dont on avoit échangé pour dix millions, deux jours auparavant chez un Banquier ; et l'ex-Commis des Barrières le Général Henriot, et ses Aides de Camp, et la Commune, et les Jacobins, et les Fusilleurs, et les Noyeurs, les Mitrailleurs de la Montagne sainte, étoient-ils, avec Robespierre, à la tête de ce nouveau complot ?

Pourquoi le perfide et guillotiné *Héraut-Séchelles*, Président extraordinaire et de choix, *ad hoc*, prit-il le fauteuil ? et ce même Héraut étoit-il celui qui, peu de jours auparavant, sautant au bureau brusquement, avoit été arracher dans les mains du Président *Isnard*, la déclaration ou procès-verbal qu'il avoit commencé à rédiger, où il devoit dire au Peuple français, que la liberté de

ses

ses Représentans tout-à-fait opprimée par la faction Montagne, dans le sein du Sénat, ne leur
permettoit plus de délibé er, ni à lui de présider? Et pourquoi ce Président à qui l'on tenta d'arracher par deux fois cette déclaration commencée, fut-
il obligé de *la cacher dans son sein*, jusqu'à ce
que l'en retirant, il la déchira publiquement, pour
finir le trouble?

Pourquoi cette séance du 2 Juin levée, sur la
nouvelle de l'arrivée de douze cents hommes inat-
tendus, et dans la crainte, par la minorité, de
se voir prise elle-meme dans le piége qu'elle avoit
tendu; toute la Représentation Nationale *sortie
en masse*, sur la motion de Barrère, se présenta-
t-elle vers le Caroufel, et vers le Jardin national ensuite à toutes les portes, sans pouvoir
trouver d'issue nulle part; et Marat qui étoit de-
meuré dans la salle, malgré les femmes des tribunes, qui lui crioient de ne point s'exposer,
apprenant que la Convention alloit peut-être se
dégager par le Pont Tournant, mal gardé, accou-
rût-il de ce côté, avec *son peuple*, pour la con-
signer de mieux en mieux, et la faire retourner
dans la salle de ses délibérations, et pourquoi les
Députés de la Plaine qui ne se soucioient pas de
rentrer, y furent-ils forcés par des Soldats qui
les couchèrent en joue?

Pourquoi les Représentans du peuple français
étant rentrés, et sur la demande de quelques Sections, convertie en motion par Couthon, disant
astucieusement: « *vous voyez que vous avez pu
» aller et revenir, et que l Affembée est parfai-
» tement l.bre*; je vous propose donc l'arrestation
» des vingt-deux de vos collégues demandée par
» la Commune de Paris, » ce Couthon fit-il adop-

ter son infâme motion, lorsqu'il savoit bien que cette pétition avoit été déclarée *calomnieuse* par un décret, que le Comité de salut public n'avoit point trouvé de coupables par son rapport, et n'avoit proposé une *suspension*, que comme une mesure de paix, de tranquillité, et de sureté pour les Députés mêmes ?

Pourquoi toute la Convention resta-t-elle *prisonnière*, dans l'enceinte du Temple de la Liberté, parce que l'on trouvoit mauvais que les Députés n'eussent été mis en arrestation que *chez eux*, et on attendit malgré le décret qui levoit la consigne, que cette levée fût indiquée par Robespierre, qui en effet en donna l'ordre à la garde, devant moi, à un *Pantalon* à moustaches, dans le sallon de la liberté ?

Pourquoi n'avoit-on jamais voulu entendre les Députés arrétés, et l'embarras fut-il extrême quand il s'agit de rédiger le procès-verbal ; sa rédaction fut-elle changée *trois fois*, sans pouvoir esquiver ce fâcheux appel nominal du lendemain, et le rapport du décret qui jettoit du louche sur tout le reste, et dont les papiers publics ne parlèrent point, pour laisser sans doute à ce 31 Mai toute sa gloire usurpée ?

Pourquoi Barrère, au nom du Comité de salut public, rendant compte des événemens de cette célèbre journée, et payant aux Sections de Paris le tribut d'éloges qui leur étoit dû, pour être venus entourer la Convention, et avoir reconnu l'imposture de ses Officiers-Municipaux en écharpe, qui avoient été dans le faubourg Antoine, dire que trois Sections étoient en insurrection, et avoient arboré le drapeau blanc et la cocarde blanche ; ce Barrère dit-il ces mots remarquables :

notre silence depuis a été entendu de vous et de la France entière ?

Pourquoi enfin le Député *Cambon*, Membre du Comité de salut public au 31 Mai, et Président le 3 Octobre, a-t-il dit dernièrement à la tribune : « que cette journée du 31 Mai, avoit été » tramée à Charanton, par Robespierre, de con-» cert avec Pache, Danton, et tous les Chefs de » la force armée de Paris, que non seulement il » s'agissoit d'enlever de vive force les vingt-deux » Députés, mais qu'il y avoit même été question » de *rétablir le fils de Capet sur le trône*, et » qu'il croyoit devoir révéler *ce secret* resté en-» seveli jusqu'ici, et confirmé par Delmas et » Guyon. » Et le voilà donc ce secret plein d'horreur !

Pourquoi les conspirateurs consacrèrent-ils dans leur Calendrier des Fêtes Républicaines, ce jour de contre-révolution, comme un jour très-saint, et ont-ils mis aux fers, sur l'échafaud et hors de la loi, tous leurs Collégues, dont ils connoissoient l'énergie, et le peu de dévotion pour cette fête là ? put-on tromper jamais le Peuple français avec plus de scélératesse et d'hypocrisie ?

Pourquoi Saint-Just ayant depuis essayé un rapport pour inculper les vingt-deux, et les faire mettre en état d'accusation, ne fut-il pas plus heureux que la Commune de Paris, et ce rapport livré au ridicule et à l'infamie par quelques Députés proscrits, réfugiés à Caen, traîné par eux dans la boue, avec son auteur, y resta-t-il enseveli, sans qu'on osât en faire usage ?

Pourquoi l'annobli Amar, Trésorier de France, reprit-il sous-œuvre ensuite cette accusation, le 3 Octobre 1793, et commençant à la manière aftucieufe et fauffe des Théologiens, par mettre en fait ce qui n'étoit qu'en queftion, dit-il dès fa première phrafe : *il y a eu une confpiration contre l'unité et l'indivifibilité de la République*, etc., et *tels et tels*, qu'il nomme, *en font coupables;* et cet Amar vient-il enfuite, à force de coins, faire entrer, de gré ou de force, dans fon cadre par l'abus de toutes les reffources de l'efprit et de la malignité, les inductions à perte de vue, les conjectures hafardées, les rapprochemens de deux à trois années, les plus infignifians et les plus perfides, et pas *un fait précifé*, caractèrifé, qu'on puiffe appuyer par des pièces à la main, *les pièces! les pièces!* et qu'elles foient fignées par un honnête homme, et non par un de ceux de l'efpèce de Fouquet-Tainville !

Pourquoi Amar dit-il même, mal adroitement, que les Députés qu'il accufoit, *étoient Républicains fous la Monarchie*, et Monarchiens ou *Royaliftes fous la République ?* c'eft donc à dire qu'ils auroient été Républicains, quand il n'y avoit que des dangers à l'être, et qu'ils auroient ceffé précifément quand il n'y avoit plus qu'honneur et profit à recueillir; comme fi, au 31 Mai, lorfque de l'aveu de Cambon, il étoit queftion à Charenton, de rétablir la Royauté fur la tête du fils de Capet, des hommes qui auroient été *Royaliftes fous la République*, n'euffent pas été fort recherchés pour s'affocier au complot de Danton et de Robefpierre, comme s'il ne falloit pas qu'on les connût encore, au contraire, pour ce qu'on avoue qu'ils avoient été fous la Monarchie, pour de *vrais Républicains ;* puifqu'on les immola au moment qu'on vouloit rétablir le trône ! ô Amar! comment raifonnes tu donc ? quelle infâmie, toi!

accufé par Lecointe d'une manière bien plus pré-
cife! Pourquoi as-tu fait comme ce tyran, qui
voulant faire aller à la mefure de fon lit de fer
toutes fes victimes, les y étendoit, puis les faifoit torturer, allonger et raccourcir felon le befoin !

Pourquoi y eut-il alors des motions faites aux
Jacobins et dans les groupes, de fe débarraffer
auffi de tous les autres députés de *la Plaine*, au
nombre de fix cents, felon Robefpierre dans fon
dernier difcours, mais très-certainement d'abord
de trois cents, qui avoient voté *l'appel au Peuple*
fouverain dans le jugement du tyran; puifqu'on
recouroit au peuple, dans toutes les anciennes Républiques, à Sparte, à Athènes, pour les caufes
un peu importantes des particuliers, puifqu'on appeloit au peuple des décrets même de l'Aréopage;
puifque, fous les Rois de Rome, le dernier des
Horaces, coupable dans fa fureur, d'avoir immo-
lé fa fœur qui fe lamentoit de ce qu'il venoit de
tuer fon amant l'un des *Curiaces* condamné par
la loi, ne dut fa vie qu'au confeil qui lui fut donné
par Servius, de recourir au Peuple qui lui par-
donna; puifque la Conftitution Républicaine a été
depuis préfentée à l'acceptation du peuple français, dans un temps plus critique, où il auroit fallu
craindre davantage la guerre civile, lorfque l'en-
nemi occupoit plufieurs de nos places fortes, lorfque cent mille Royaliftes entretenoient le *chancre
politique* de la Vendée, et quand la décifion d'un
peuple entier confulté eût impofé un filence éternel
à tous les détracteurs ennemis de la Convention-
Nationale Rois et Peuples coalifés ?

Pourquoi, lorfqu'une Commiffion de neuf Députés étoit chargée de l'analyfe du travail des Sa-

vans étrangers, et du rapport fur la Conftitution Républicaine, et que ce rapport avoit déjà occupé plufieurs féances, la minorité Montagne brufqua-t-elle les chofes tout à coup; dit-elle que ce rapport alloit *devenir éternel*, et chargea-t-elle une Commiffion de cinq membres de fon parti, de préfenter promptement un autre plan plus concis, où l'on ne toucha ni à la divifion des grandes Communes, ni fur-tout *à celle de Paris*, et où l'on conferva comme conftitutionelles les *Sociétés Populaires*, affiliées et fédérées d'un bout de la République à l'autre avec les Jacobins et dont on prévoyoit avoir encore befoin ?

Pourquoi lifoit-on alors dans plufieurs feuilles des Montagnards, qu'il *n'appartenoit qu'à la fainte Montagne* de faire la Conftitution et les lois de la République; et Robefpierre, de fon côté, difoit-il à la tribune, que *la vertu étoit en minorité fur la terre*; ce qui n'eft pas vrai, car il y auroit long-temps que le crime énergique et querelleur, auroit tué la vertu douce et modefte, et la preuve que les tyrans et les fripons n'y dominent pas, c'eft qu'ils finiffent toujours, comme les Triumvirs, par être écrafés ?

Pourquoi, lorfque Condorcet avoit propofé de fixer par décret, un terme de quatre mois au plus, dans lequel la Conftitution Républicaine feroit achevée, préfentée à l'acceptation du peuple, et *établie de fuite* par les Affemblées primaires, la minorité Montagne feignit-elle de trouver ce délai beaucoup trop long, et la fit-elle difcuter en *quatorze jours* de temps, avec une rapidité étonnante, pour la mettre enfuite dans fa poche ?

Pourquoi cette minorité Montagne cria-t-elle alors par toute la France, par fes porte-voix

Jacobites; « vous le voyez, ô Français! cette
» majorité *insolente et corrompue* ne vouloit pas
» de Conſtitution Républicaine ; elle demandoit
» quatre et cinq mois encore pour la terminer et
» la mettre en activité ! et nous, nous l'avons
» faite en quelques jours, pour vous en ſervir...
» à la paix... quand la paix ſe fera, quand l'enne-
» mi n'occupera plus *aucune partie du territoire*
» *français*, ſoit en Corſe, en Amérique, ou dans
» les Indes ; quand nous voudrons que le Gouver-
» nement proviſoire, révolutionel et dictatorial
» ceſſe ; quand il nous ennuyera ; quand la Société
» mère ceſſera de dire qu'il *y a encore trop de*
» *ſes ennemis intérieurs* à redouter, pour ſonger
» à la paix ; quand tous ceux vivans... car, *les*
» *morts ſeuls ne reviennent pas*, a dit Barrère.

Pourquoi, par le maſſacre judiciairement proviso-
révolutionaire de ſoixante à quatre-vingt Députés
de la majorité, ou trop énergiques, ou trop élo-
quens, qui n'ont jamais été *ni interrogés, ni en-*
tendus, pour leſquels on n'a jamais réclamé *les*
pièces, quand il s'agiſſoit de produire des témoins ;
et l'on n'a pas demandé les témoins, quand on
produiſoit les pièces ; et par la détention de ſoixan-
te-dix ou quatre-vingt autres, auſſi fermement
honnêtes, qui ont eu l'audace de trouver très-
mauvais que Robeſpierre et Conforts méditaſſent,
à Charanton, une Saint-Barthélémy de Députés le
31 Mai, un cinquième du peuple français a-t-il
été, plus d'une année, ſans repréſentation dans
le Congrès national, et ſans concourir aux lois
deſtinées à le gouverner ; quoiqu'il n'y ait que
des décrets, et *point de lois* ſans l'expreſſion de
la volonté générale du peuple, ſuivant que la Conſ-
·ution elle-même l'a reconnu en principe.

Pourquoi, pendant ce temps, foutenoit-on des thèfes philofopho-politiques aux Jacobins, où l'on argumentoit que les Anglais *ne favoient pas être libres*, puifqu'ils n'avoient point un nombre de Repréfentans bien proportionné à la population de leurs divers Comtés; comme s'il ne valoit pas mieux avoir envoyé au Parlement de Londres quelques Députés de moins, que d'en avoir retiré de la Convention de Paris cent cinquante, révolutionairement, pour les encager à Port-Libre, aux Carmes ou aux Ecoffais, les promener aux yeux du peuple, de prifon en prifon, en cherchant à les avilir, les envoyer à l'échafaud, ou leur refufer *la terre et l'eau*, en les intercalant dans des liftes de profcription dignes de Marius et de Sylla, ou bien en s'en débarraffant à la manière de Fouquet-Tainville ou de Carrier?

Pourquoi depuis, fous pretexte *d'épurer* les choix du peuple, comme on avoit épuré fa Repréfentation, la minorité Montagne, fouveraine et dominatrice alors, s'eft-elle emparée de toutes les miffions de faveur dans les Départemens; Lebon à Arras, Carrier à Nantes, Collot à Lyon, etc., *épuroient-ils* toutes les Sociétés populaires et les Adminiftrations, à leur manière de tigre, Carrier en difant par exemple à la Société de Nantes, prenez garde de recevoir des modérés: il ne faut admettre que des hommes révolutionaires, capables de boire un verre de fang; Collot en foutenant que le Corps focial fe porte d'autant mieux qu'il tranfpire davantage, en les rempliffant de la plus vile et la plus immorale canaille, qui a fait *les mariages républicains*, comme on fait, *les noyades*, *les égorgemens*, et toujours dénonçant les citoyens les plus eftimables de leur province ? et pourquoi n'a-t-on jamais épuré ré-volutionairement auſſi la Société des Jacóbins, où il y avoit tant à employer le *Cureur de puits d'Arras* ?

Pourquoi tous ces Miſſionaires de ſang et de terreur, à la ſeule vue deſquels tous les habitans d'un Département fuyoient frappés de la ſtupeur la plus profonde, comme vous l'a dit Dubois-Crancé de la ville de Nantes, tous ces apôtres de l'égalité, qui ont levé des contribution révo-lutionaires, de leur pleine puiſſance et autorité Dictatoriale, qui ont emporté des ſommes conſi-dérables pour frais d'agence et dépenſes dites *ſecretes*, n'ont-ils jamais, comme la Commune de Paris, rendu aucuns comptes, malgré pluſieurs décrets qui l'ont ordonné ; et la tréſorerie natio-nale, ni les caiſſes du Diſtrict n'ont-ils jamais vu, comme l'a dit Cambon, un ſeul denier de ces taxes arbitraires ſouvent énormes ? et pourquoi ſur le renvoi de la motion de Baraillon aux Comités contre les dilapidateurs, aucun rapport depuis le 9 Fructidor 1793 n'a-t-il été fait ?

Pourquoi dix mille Baſtilles élevées au lieu d'une, et dont le régime étoit mille fois plus atroce que celui du faubourg Antoine ? et fit-on une nuit de ſilence et d'horreur, où l'émiſſion de la penſée fut un crime digne de mort, où, au lieu du jeu des preſſes Typographiques, on n'en-tendit plus que celui des guillotines, et l'on n'ap-perçut d'autres lumières que les amorces brulées, d'autre bruit que celui des canonnades, des mitrail-lades, le craquement des bateaux à trappes ſou-vrants, et faiſant écumer les flots de la Loire enſanglantée, et par-deſſus tout la voix des Le-bon, des Carrier, etc., etc., criants aux bour-reaux fatigués, qu'il falloit tuer, anéantir *avec la rapidité de la foudre*; et difoit-onà tous les hommes honnêtes qui s'apitoyoient, qui parloient raifon, juftice, humanité, du fonds de leurs cœurs, *qu'ils n'étoient que des crapauds du Marais, qui n'étoient pas à la hauteur de la révolution?*

Pourquoi, tandis que d'un côté, l'on ne parloit que des travaux glorieux, fublimes de la minorité, de la foible minorité Montagne, que toutes les Communes placées fur la pente du moindre coteau, vouloient s'appeler *Montagne*, que les grenouilles s'enfloient à créver pour devenir bœufs, que David faifoit des montagnes de carton, et des marais en détrempe, comme on avoit fait autrefois à Paris, avec une efpèce de fureur, des *pantins* et des *ramponaux;* la terreur, dé l'autre côté, avoit-elle glacé tous les courages, jufques dans la Convention, affaiffé toutes les ames, engourdi tous les cœurs, ftupéfié tous les efprits, et fair pâlir tous les vifages; et d'un peuple gai, enjoué, qui devoit naturellement être fier, magnanime, hardi, et *infolent* en quelque forte, dans fa liberté et fon bonheur, fous le niveau de l'égalité, avoit-on fait un troupeau de beftiaux à face humaine manquants de fubfiftance, et mené par fes conducteurs dans des pâturages de réquifitions; un troupeau craintif et pufillanime, et comme difoit Barrère des Parifiens, *un peuple de badauts et d'imbécilles, qu'on conduifoit avec une paille,* n'ayant plus d'autres vertus que celles des vils efclaves tremblans à la vue du fouet révolutionaire, et qui bientôt n'auroient plus même fu lire, faute d'écoles et de bibliothèques incendiées?

Pourquoi auffi, pour amufer et diftraire le peuple faifant par-tout des groupes *à queue*, à la

porte des Boulangers, des Bouchers, des Mar-
chands de toute espèce, Couthon, Saint-Just,
lui ouvroient-ils des jardins, des théâtres, lui
donnoit-on des cartes de pain et de viande d'un
côté, et des cartes de spectacle de l'autre; lui
parloit-on de Cirques, de Palestres, de Xéroides,
d'arcs triomphaux, comme avoit fait Péricles en
usurpant la liberté d'Athènes ? . . .

Pourquoi ? ah ! Pourquoi ? . . la nuit du 9 au 10
Thermidor, ô Peuple, ne te l'a-t-elle pas montré ?
n'as-tu pas assez bien apperçu le but tyrannique
où tendoit cette minorité Montagne, quand elle
alla avec les Jacobins, se réunir à la Commune
conspiratrice de Paris, pour marcher *à mains
armées*, contre la Convention ? ne le reconnois-
tu pas encore ce but, quand *Garnier de Saintes*
disoit aux Jacobins, il y a peu de temps; « la
» Montagne ne compte pas plus de vingt à trente
» patriotes aujourd'hui ; mais *trente Hussards fran-
» çais* ont passé une rivière, et *fait mettre bas
» les armes* à deux Bataillons Hessois ? » ne re-
connois-tu pas les oppresseurs du peuple et de
la Représentation nationale ; quand tu ne com-
mences à respirer, que depuis la chûte des Chefs
de la *sainte* Montagne ; quand la liberté de la
presse, qu'ils redoutoient, à laquelle ils s'oppo-
soient, est *reconquise*, et a déroulé, à tes yeux,
toutes les pages de leurs crimes dans tous les
Départemens ? Eh bien ! ces vils hypocrites qui
avoient mis en réquisition tous les égorgeurs,
tous les bourreaux, qui avoient plongé la Nation
entière dans le néant de la terreur, leur chef ce
Robespierre se lamentoit, dans son dernier dis-
cours, contre l'oppression qu'il éprouvoit. « La
» liberté est perdue, (disoit-il cet astucieux per-

» fonnage,) la tyrannie règne, quand les bons ci-
» toyens font condamnés au filence ; il faut bien
» que les fcélérats dominent... on parle de notre
» rigueur, et la patrie nous reproche notre foi-
» bleffe !... »

De *la foibleffe !* et vingt mille hommes péris
ou fur les échafauds et dans les prifons et dans
les flots, à Nantes feulement n'ateftent que trop,
ô monftres, votre férocité ! *votre foibleffe !* et
près de trois mille têtes innocentes tombées fous
vos coups à Paris en trois mois, des milliers
d'autres à Strasbourg, à Bordeaux, à Marfeille,
tranchées fur vos liftes de profcriptions, vous
placent au rang des plus affreux Cannibales !...
la patrie ne vous reproche que votre foibleffe !...
et quand la majorité honnête et vertueufe de la
Convention, par un réveil vigoureux, a fait
ceffer ces horribles feftins d'antropophages, vous
dites que ce font *les fcélérats qui dominent !..*
oui, la tyrannie règne fans doute, quand les *bons
citoyens* font condamnés au filence !... mais les
bons citoyens font-ils les Septembrifeurs ? font-
ce les Carrier, les Lebon, vos délégués chéris,
et que vous avez conftamment défendu ?

O Peuple bon, facile et crédule, peuple écho
trop long-temps des anarchiftes, des agitateurs,
des hommes de fang, hypocrites abominables ;
qui te trompoient, ô bon peuple, fonges qu'il ne
fuffit pas de te parler à chaque ligne d'un difcours,
de juftice, d'humanité, quand tu ne vois pas toutes
ces vertus mifes en pratique, quand les mains
qui viennent jetter des fleurs fur tes ruines, font
encore pleines de fang ; fonges qu'il ne fuffit pas
de s'appeler *République*, pour être libre ; car Tu-
nis et Tripoly où le gouvernement fait fcier les

hommes en deux se qualifient aussi de *Républi-* *ques*; car les tyrans Marius et Sylla, en mettant à prix les têtes de quatre à cinq cents Représentans du Peuple Romain, intituloient aussi leurs abominables édits de proscriptions : *au nom* *de la République, et pour le maintien de la* *liberté*; car Caligula, Néron, Tibére, tous ces tigres couronnés parloient aussi de *République*, et cachoient le despotisme le plus cruel, le plus hydeux, sous les formes encore agréables au peuple d'un Sénat représentatif que la terreur immobilisoit, où dont la corruption dirigeoit les décrets ! songes ô bon peuple, que l'art de te tromper par ces mots, a toujours été la ressource favorite des tyrans; que là où les hommes opprimés se *fédéroient* contre les anarchistes et les hommes de sang de la minorité Montagne , on a dit souvent qu'ils vouloient *fédéraliser* la République, c'est-à-dire, la morceler par lambeaux de petites Républiques unies entr'elles , pour s'en partager la domination !

Reviens, oui, reviens à l'amour des lois et de l'ordre, seuls précurseurs et garans de la justice ! serres-toi autour de la majorité de la Convention; rallies-toi autour de l'adresse de *Cambacérés* aux français, comme à un étendard sacré que tu ne dois plus jamais perdre de vue. Quittes, quittes tous ces jongleurs, tous ces patriotes de foire, qui, pour nous faire haïr la liberté, la peignent sanguinaire et atroce comme eux, tous ces larrons populaires, tous ces charlatans qui, sur leurs trétaux, osent parodier insolemment les discussions, les délibérations de la Représentation nationale, comme Paillasse travestit par un mesquin artifice, l'éclat radieux du

foleil, et comme l'ivrogne et le crapuleux Infti-
tuteur de deux cents élèves de la patrie finge le
Précepteur d'Emile. Que tous ces fanfarons info-
lens :

» Purgent de leur afpect cette terre affranchie;
» Guerre, guerre éternelle aux faifeurs d'anarchie!